Lettre à une mère,

qui je le sais,
sera merveilleuse
avec sa fille, à le
fois douce et ferme,
attentive et solide...

Avec toute ma
plus tendre affection
pour toi, le papa et
votre p'tit bout

love

Manon

10.4.04

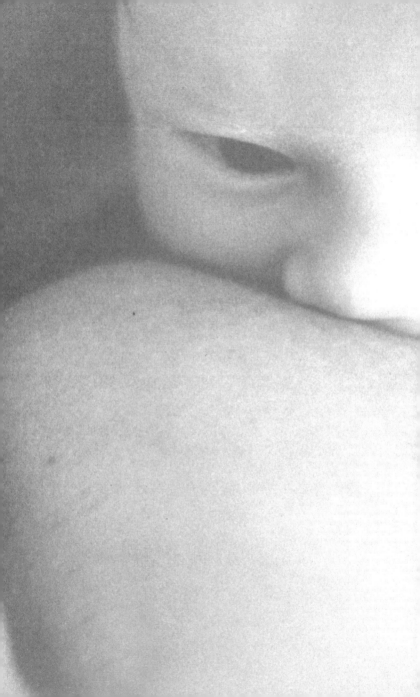

René Frydman

Lettre à une mère

avec la collaboration
de Judith Perrignon

L'iconoclaste

Vous vous êtes rhabillée doucement. Les mains timides, le corps lourd d'une promesse. J'en connais qui se reboutonnent très vite, pressées qu'elles sont de faire courir la nouvelle, ou peut-être de se retrouver seule avec elle.

Vous avez pris votre temps. Excusez l'œil qui traîne, c'est celui d'un messager plein d'expérience, celui d'un homme cigogne qui ne se lasse pas de vous regarder. J'ai annoncé bien des enfants, bien des échecs aussi. J'ai rempli des livres de chevet pour tromper l'inquiétude de la jeune mère. Avec d'autres, j'ai ajouté quelques belles pages, je crois, aux grimoires médicaux, et je poursuivrai. Mais je voudrais, ici, prendre le temps de vous dire ces mots que l'on ne glisse nulle part, ni dans les guides de la future maman, ni même lors de nos rencontres. Ces mots qui affleurent lorsqu'un rendez-vous s'achève sur des sanglots difficilement retenus, et qu'un autre s'annonce dans les effluves d'une vie qui se dédouble. Pourquoi vous ? Parce que lorsque vous avez refermé la porte, vous avez laissé le parfum d'une femme heureuse.

Je vous revois arriver, tendue de désir par quelques jours de retard de règles, et avec même un test qui disait oui, niché au fond de votre sac. Il n'y avait ni bruit, ni forme, ni douleur, pas une trace de vie. Juste quelques signes. A moi de les interpréter, comme s'il m'appartenait d'exaucer une prière intime. A moi de faire l'annonce. J'use de mots très simples, on n'habille pas cette nouvelle-là. Que vous ai-je dit, sinon, "oui, vous êtes enceinte"? Vous avez souri. Moi aussi, délaissant un moment les dosages, les sigles, les codes médicaux, ces hiéroglyphes que je déchiffre et dont j'aime la musique qui change l'espoir en certitude.

Connaissez-vous la fresque de Fra Angelico, *L'Annonciation*? Elle est à Florence. J'ai scruté ce tableau à m'en tordre le cou. J'ai longuement dévisagé la Vierge, emplie d'un bonheur tout intérieur, j'ai vu le doute et la crainte au coin de sa bouche. J'ai reconnu sous sa peau diaphane tant de visages familiers de la maternité… toute la grâce des mères.

A chaque consultation, je vous ferai entendre son cœur, je déroulerai mon mètre, je mesurerai votre utérus. Du bout des doigts, je vérifierai qu'il reste fermé, chambre forte de votre enfant, dont je suis le gardien. Comment vous dire que ces gestes presque automatiques qui vous rassurent m'apaisent aussi ?

J'ai quelque part, chez moi, des cartons remplis de photos, des sourires d'enfants que j'ai accompagnés dans leur vie intra-utérine, puis sortis du ventre de leur mère.

Ils soufflent une nouvelle bougie, et m'en-voient l'image, petite flamme qui éclaire leur avenir, mais aussi le souvenir d'une naissance inespérée. Je ne les ai pour la plu-part jamais revus, je ne sais pas ce qu'ils deviennent, mais je garde tous les clichés. M'en séparer, ce serait comme leur jeter un mauvais sort.

Amandine, première entre tous, a eu vingt ans l'année passée. J'étais là comme à chacun de ses anniversaires. Cette petite fille conçue au fond d'une éprouvette, venue au monde naturellement, élevée comme une autre ainsi que le souhaitaient ardemment ses parents, m'a demandé, ce soir-là, de tout lui raconter encore. Comme font les enfants qui vous tendent un livre dont il connaissent chaque mot, chaque respiration. Je l'ai fait. J'aime ce premier chapitre de sa vie, j'en connais tous les secrets. Je garde en moi, intact, chaque souvenir. Je lui ai dit mon retour dans le silence et la brume du petit matin, quelques heures après sa venue. J'étais au volant de ma voiture, je roulais vers Paris, mais j'avais vraiment le sentiment d'être au-dessus du sol. Un homme léger, débarrassé de son fardeau, en accord avec tout, en fusion avec le monde.

Je me suis posté au début de la vie, c'est là que l'on a la plus belle vue. Paysage féminin tout en rondeurs et en courbes apaisantes, où je regarde le possible, l'enfant pas encore né, la femme pas tout à fait mère. Je me réchauffe à ces existences en devenir.

La naissance fixe un point de départ, instant si marquant d'une vie qu'il semble en expliquer tout le mystère. Elle a l'apparence d'une réponse. Elle laisse tout de côté, moment suspendu, tel un jardin retranché où jamais l'illusion ne fane.

Il y a quelques jours, j'ai fait un accouchement à mains nues, parce que lorsque je suis arrivé, je n'avais plus le temps de mettre les gants. C'était chaud. Le bébé est sorti très facilement, encore enveloppé de son liquide. C'était sensuel. Lorsque votre enfant naîtra, il vous offrira cette douce, si douce, sensation du commencement.

Je suis né en 1943. Drôle d'année pour naître. Ma famille se cachait alors à Pau chez des gens bien, dont je n'ai jamais perdu la trace. Pour l'accouchement, une sage-femme est venue aider ma mère. Mon père, lui, était tapi dans la pièce du dessus, il n'avait que ses oreilles pour voir. Bien des années plus tard, j'ai demandé à mes parents ce que je faisais là, enfant né juif aux confins de la guerre. Ils m'ont répondu qu'ils croyaient les femmes enceintes protégées de la déportation. De tous les mensonges qui couraient alors, ils s'étaient accrochés à celui-là. Ils m'ont rêvé bouclier de ma mère, son protecteur in utero. Moi qui, des années plus tard, ai bien failli faire mentir le destin.

Car je peux vous l'avouer, le jeune étudiant en médecine que j'étais a d'abord trouvé plutôt inintéressantes les prémices de la vie. Je n'y voyais pas la place du médecin, plutôt un arrangement des femmes et de la nature, avec l'aimable participation du hasard. Et puis j'ai vu la mort s'en mêler, emporter des jeunes femmes.

Un soir, au hasard d'un stage d'externe en service de réanimation, elle est arrivée. Scepticémie après un avortement. Elle était belle, j'ai eu comme un coup de foudre. Le lendemain, son lit était vide. Elle était à la morgue. Fatalité, semblait dire la médecine. Une deuxième fois, à l'hôpital Bichat, ma première naissance par césarienne : un grand prématuré. Fatalité, semblait encore penser le chirurgien. Il a dit : « Appelez-moi le prêtre. »

La médecine se devait de prendre sa place. Plutôt la réanimation que l'extrême onction ! J'ai donc emprunté le chemin des mères, avec un refus viscéral du prétendu fatal. Il y avait de quoi faire. Trop de douleur, trop de grossesses non désirées, trop d'enfants attendus et jamais venus.

J'ai passé des heures les yeux dans le microscope, j'ai dévoré les revues médicales venues d'outre-Atlantique comme des romans de science-fiction. Je me souviens

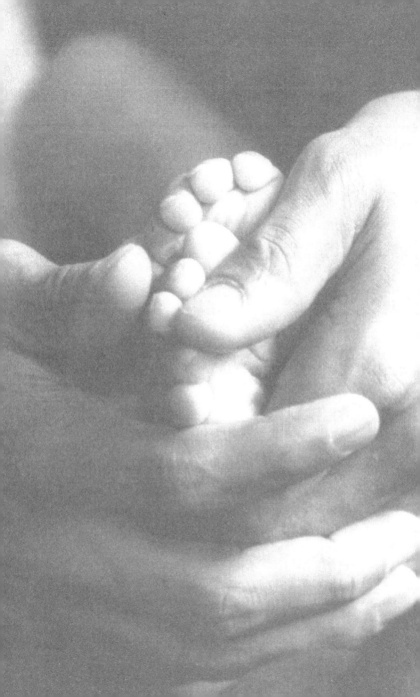

d'un jour de 1976, je croisais l'Anglais Bob Edward dans le hall d'un hôtel parisien. Il m'a fait part d'un espoir, d'une piste. Deux ans plus tard, il annonçait la naissance de Louise Brown, première fécondation in vitro. Nous brûlions de l'imiter dans nos laboratoires. A notre tour, nous avons mis le désir au fond d'une éprouvette. Pour voir.

Ce désir-là n'appartient qu'aux parents. Mais c'est au plus près de lui que nous avons navigué vers l'infiniment petit, repoussant si loin les limites du visuel et du palpable que j'ai cru pouvoir le toucher du doigt. Je me souviens de ces nuits, où je réveillais en hâte l'anesthésiste, le biologiste, l'infirmière. Il était peut-être 3 heures du matin, l'ovule de la maman s'était mis en mouvement.

Nous nous retrouvions dans la salle des césa-riennes pour faire les prélèvements. Nous étions excités, silencieux, et aussi vaguement superstitieux. Chacun savait pourquoi il était là, seuls les mots techniques nous échappaient. Tout le reste, angoisses et sentiments, était sous les verrous. Nous savions tous qu'aucun scientifique, qu'aucun sorcier, n'insuffle la vie.

Aux images de mes débuts, j'en oppose d'autres désormais. Je me souviens de ce couple qui avait pris l'avion pour venir en consultation des rives de la Méditerranée. Sept années qu'ils venaient, qu'ils guettaient. Notre première rencontre avait ressemblé à beaucoup d'autres : ces mots, « docteur, vous êtes notre dernier espoir » ; puis le dossier déjà lourd qui atterrit sur mon bureau. Son épaisseur qui mesure le temps écoulé, les examens passés. Chaque page a probablement essuyé des larmes. Ils sont deux face à moi, mais je devine une foule plus nombreuse, l'escorte invisible de parents qui guettent désespérément la descendance, l'ombre inquiète d'une mère, d'une sœur, d'une amie, qui ne trouve plus les mots pour soulager l'absence au creux du ventre.

Je les sentais si fragiles, ce jour-là. Ils allaient vers la quarantaine, ce gong redouté sur le chemin de la maternité. Une part d'eux se résignait. Ils parlaient peu. Peut-être même s'étaient-ils querellés en route : où tout cela les menait-il, si ce n'est de déception en déception ? Lui fuyait mon regard, comme pour s'excuser d'insister encore, mais elle implorait de ses yeux sombres sous sa mèche brune. Elle venait là comme on recourt à la magie. Je note la date des dernières règles, j'appelle l'infirmière et je lui glisse que l'on va faire un test. Une fois les examens terminés, je dis : « Vous êtes enceinte. » Ils sont restés bouche bée, rigides, comme changés en statue de sel.

Je manipule le désir, je l'emmène très loin, par des voies médicales qui n'ont rien de paradisiaques. Il y perd sa poésie, je le sais, je le vois dans les yeux des femmes et des hommes. Mais il passe tant d'épreuves qu'il s'aguerrit. Sans lui, je ne peux rien. Je m'appuie sur lui, comme ces couples à l'étreinte stérile s'appuient sur moi. J'ai des émotions fortes à guetter la vie. Et je voudrais, dans cette lettre, pour une fois, me laisser aller à les partager avec vous.

Vous vous êtes allongée doucement. C'est, je crois, notre deuxième rendez-vous. Vous avez maigri, vos yeux sont cernés. La météo de votre visage ne dit pas votre âge – vous avez celui du désir d'être mère, c'est flou et c'est tant mieux – mais elle raconte des tourments. Vous êtes dans le brouillard, femme en plein no man's land : l'enfant est annoncé, mais le corps ne dévoile rien. Vous venez aux nouvelles, suspendue à mes paroles, à mes gestes.

Je vous promets le bruit de son cœur. Je le cherche, je le piste, ce n'est que grésillement d'abord, une jungle sonore qui vous effraie. Et puis soudain, la palpitation se rapproche, de plus en plus nette, tam-tam qui vous dit : « Ce n'est pas un leurre. » Il a pris quelques centimètres.

Il n'est pas assez gros pour vous arrondir la taille, mais c'est déjà lui le responsable de ces petits désordres qui scandent vos jours : l'envie de vomir, le matin, le pied à peine posé par terre, la démangeaison qui vous surprend, telle une armée de fourmis débarquant sur votre corps, la fatigue aussi qui vous enveloppe et vous ferme les paupières en pleine lumière. J'appelle tout cela les petites misères de la grossesse. Il y a de l'inconfort à être enceinte. Des troubles. Vous êtes troublée.

Tout le monde vous croit sur les sentiers fleuris et rassurants de la maternité, vous êtes ailleurs, funambule, entre bonheur et bouleversement. Ne cherchez pas à ressembler aux icônes maternelles. Et tant pis si le monde vous fait les yeux doux, s'il vous croit tout harmonie, quand vous n'êtes que cacophonie, tiraillée par les contradictions. Certaines femmes ont un réel désir d'enfant et ne supportent pas la transformation de leur corps. D'autres aiment être enceintes, mais s'imaginent difficilement avec un enfant accaparant leurs bras et leurs nuits. Tout est ambigu, surtout le désir.

Il y a sous vos yeux les traces de nuits chiffonnées par les cauchemars, vaste conspiration des ombres. Vous attendiez les rêves, ils se font rares, ils désertent, laissent la place libre aux catastrophes, aux monstres, à la mort même parfois, sœur siamoise de la vie. L'enfant en vous se réveille, non celui que vous portez mais celui que vous étiez, cette gamine qui craignait le noir, l'heure du coucher, retranchement sombre et solitaire. Vous renouez avec elle, dans une étreinte qui veut dire au revoir. Le moment est venu de laisser cette petite fille derrière vous, de pousser vos parents vers la zone grise de l'âge, d'en faire des grands-parents. Le moment est venu d'égaler votre mère, voire de la surpasser... La maternité est l'occasion de quelques réparations. Un tout-petit donne un grand coup à tout le monde, il oblige à boucler les malles encore entrouvertes de l'enfance.

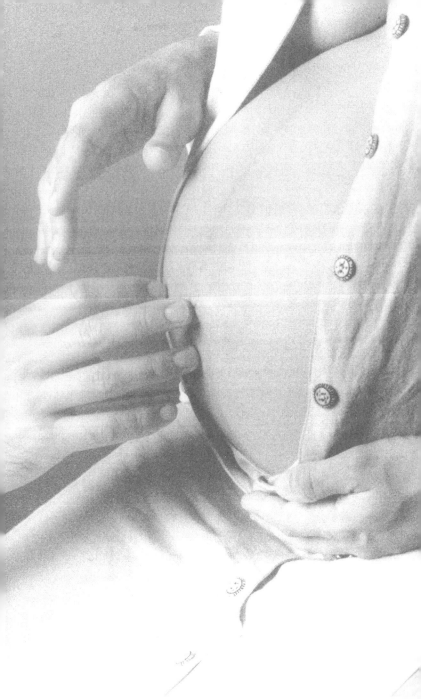

Tous les rivages de la maternité ne se ressemblent pas. Certaines femmes semblent déambuler sur le sable et flirter avec la mère comme si c'était là le but d'un long voyage. D'autres m'évoquent de frêles silhouettes au bord d'une falaise. Elles cachent souvent l'inquiétude et l'enfant sous un grand pull informe. Peut-être la grossesse a-t-elle ravivé en elles de vieilles blessures, des mots brûlants qui, dans les familles, racontent la naissance comme une épreuve. Peut-être la grossesse ampute-t-elle brutalement d'autres rêves, d'autres parties de la vie. Désirée, elle ne s'énonce pas toujours facilement. Imprévue, elle peut être trop violente pour être reconnue.

D'autres femmes, encore, parviennent même à nier l'inéluctable, un fœtus de six mois en elles, un enfant près de naître. Elles pleurent, jurent ne rien avoir vu, demandent parfois l'arrêt pur et simple, quand bien sûr il est trop tard pour intervenir. Aussi invraisemblable que cela puisse paraître, il m'est arrivé d'annoncer à une femme qu'elle était enceinte et dix minutes plus tard elle était en train d'accoucher. Elle avait tenu tête à son corps, bataillant contre l'évidence. Il a fallu le tourbillon de la naissance pour qu'elle s'avoue vaincue. Elle a fini par regarder et par aimer son bébé.

Prenez le temps d'accepter ce qui vous arrive. La grossesse est comme le sablier, elle s'écoule lentement. Irrespectueuse de notre époque qui prohibe l'attente, efface la distance, se gargarise d'images. Effrontément secrète, tant l'essentiel y est invisible pour les yeux. La grossesse n'est pas moderne. Elle ne change pas. C'est neuf mois. Ne gommez pas ce temps-là. Les détails, un jour, échapperont à vos souvenirs, mais je voudrais qu'ils laissent dans votre mémoire une profonde et belle trace.

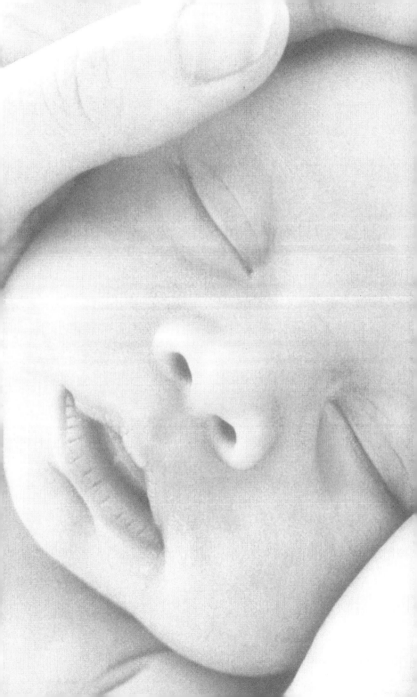

A votre manière lente et maladroite d'agrafer votre robe, à vos yeux vagabonds, à ceux de votre compagnon, j'ai su qu'il était né, l'enfant imaginaire. Là, en quelques minutes, le temps d'une première échographie, celle des douze semaines, premiers mouvements saccadés, première esquisse d'un visage, d'un nez surmonté de deux pupilles noires. Toutes les images échographiques se ressemblent. Pas pour vous. Nous n'y voyons pas la même chose. J'analyse. Vous imaginez, vous échafaudez, vous tentez un prénom, vous bâtissez une vie, ou simplement une chambre colorée. Votre regard, seul est habité. Et pour la première fois depuis notre rencontre, vous n'avez plus besoin de moi, de mes mots, de mes certitudes, pour y croire.

Vous vous échappez. Cet enfant vous le portiez en vous depuis si longtemps, bien avant d'être enceinte. De longs mois, il s'est agité dans votre tête. Il fut un rêve de jeune femme, il fut remis à plus tard, puis il revint, adorable tentation, abîme d'espoirs et de craintes. Il fut conçu enfin, le temps d'un regard à deux, qui voulait dire peut-être.

Et c'est lui que vous croyez reconnaître sur l'écran. Vous l'avez vu bouger. Vous adorez, je le sais, cette petite phrase du médecin qui

vous dit que vous portez là un sacré gigo-
teur, comme si ces mots vous promettaient
un intrépide, un gourmand, un enfant vif,
bien dans sa peau, un enfant qui vous ressemble, les faiblesses en moins.

La dernière fois, les bruits de son cœur.
Puis son profil à l'image. Bientôt, il
cognera aux parois de l'utérus, vous sur-
prendra au milieu de la nuit, tel un confi-
dent. Ainsi frappe-t-il chacun de vos sens,
l'un après l'autre : votre oreille, vos yeux,
votre peau. Il s'éveille en vous, petit être
déjà vertébré, mais encore enveloppé de la
chair de vos fantasmes. Je sens que vous
changez, que s'installe un tête à tête, un
corps-à-corps, j'effleure tout un monde
intérieur.

Je ne vous demanderai rien. La pudeur est de passer. Il doit être mystérieux, fugace aussi, cet enfant dont vous rêvez. Il doit laisser toute sa place à celui que vous portez réellement, et qui ne lui ressemble pas forcément. Celui dont j'ai la charge, que je palpe, que je regarde dans le détail sur l'écran.

Il apparaît en noir et blanc, frêle héros d'un film, bouleversant et angoissant mélo, diffusé en boucle dans votre tête. Vous attendez d'une image, de ces quelques mots qui veulent dire « tout va bien », qu'ils chassent de votre tête l'enfant difforme, ce solide concurrent à l'enfant de vos rêves.

Vous devez repousser cette crainte, cette idée tenace, qui s'insinue toujours malgré les progrès et la surveillance accrue de la médecine. Gare au médecin qui fronce le sourcil pour scruter un détail, gare à l'adjectif un peu flou. La médecine s'est donnée les moyens d'observer, il lui incombe de bien le faire, c'est de sa responsabilité, mais il restera toujours une part d'impondérable.

Et j'entends l'angoisse de ceux qui ont mis des années à voir éclore l'espoir d'une descendance. Pour eux, l'échographie n'est pas une promesse, tout juste le permis d'y croire. Ils craignent la fausse couche, qui réduit à néant des années de combat, guettent aussi les surprises : un ou plusieurs enfants à la fois, ce n'est pas la même chose. Il n'est pas si facile de s'engager dans le passage qui mène du singulier au pluriel, le chemin est moins balisé, moins bien éclairé. Je les y emmène doucement, je leur dis, comme si nous faisions ensemble la découverte : «Vous voyez bien ce que je vois ?

– On a l'impression qu'il y a deux ronds, hésitent alors les parents.

– C'est ça oui...» Il y a subitement deux enfants à imaginer, pour ces gens qui, à force d'échecs, n'arrosaient plus leurs espérances.

Je n'ai adressé cette lettre qu'à vous. Je sais que cela pourrait lui déplaire, qu'il attend lui aussi son premier enfant. Comment dites-vous déjà ? Mari ? Concubin ? Compagnon ? Peu importe, le désir d'enfant ne s'embarrasse plus de considérations religieuses ou administratives. Il est venu au premier rendez vous, revenu pour la première échographie. J'essaie de lui laisser sa place. Mais je le connais moins, je le vois moins. Je ne le touche pas. Et plus la difficulté est grande pour une femme à être enceinte, plus le médecin prend de la place, tandis que la

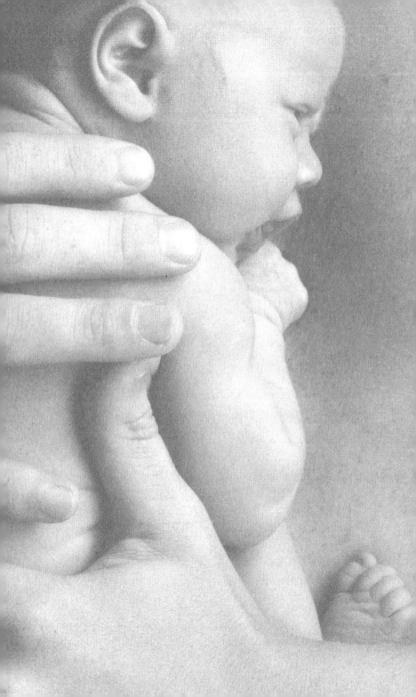

sienne est mise à l'épreuve. Les enfants de la médecine naissent comme les autres de la volonté, de l'amour d'un homme et d'une femme. Je ne fais, moi, qu'aider le désir à se nicher.

Je sais que son corps, à lui, épouse votre grossesse. Qu'il a ses rêves, ses cauchemars, ses angoisses, ses kilos en trop parfois. Le couple évolue. L'enfant d'aujourd'hui est souvent programmé, voulu à deux. Je me souviens de cet homme qui souffrait sans le cacher. Assis à côté de sa femme, plus réservée, il ravalait des larmes, m'a parlé comme un homme à un autre, m'a dit son besoin d'être père.

J'ai le souvenir encore de celui qui fit une crise d'appendicite aux premières contractions de sa compagne, il fallut l'opérer puis le ramener en salle de travail. Sur son brancard, il tenait la main de sa femme. Lui aussi, il avait mal. La présence masculine s'accentue doucement, mais sûrement, dans ce projet qu'est l'enfant.

L'autre jour une question vous brûlait les lèvres. Vous étiez venue seule à la consultation. Vous m'avez demandé, comme ça, d'une petite voix, après les examens, s'il n'y avait aucun risque à faire l'amour. Vous aviez l'air de poser la question d'un autre, vous m'avez dit, avec une distance respectable, que votre compagnon en éprouvait l'envie. Vous n'avez pas parlé de votre désir, mais du sien. C'est fréquent. Un voile pudique sur cette difficulté à vous abandonner dans votre corps si rond désormais, sur cette vague culpabilité de n'avoir pas toujours envie de répondre à ses invitations. L'enfant aurait-il pris toute la place ? Aurait-il pris les commandes, le monopole de vos sens ?

Il bouge. Mais il choisit son moment. Il attend que vous soyez au calme, allongée le plus souvent, la main sur le ventre, à l'affût du moindre signal. Tout à lui. A l'écoute. Alors il vous donne de ses nouvelles. Vous n'avez plus besoin de moi ni de mes appareils pour dialoguer désormais. Il porte lui-même ses messages, à coups de talon ou à coups de petits poings. Vous le guettez, l'imprévisible, vous savez s'il dort, vous devinez son réveil, mère déjà ponctuelle prête à répondre à la moindre demande.

Vous vous sentez moins seule, moins troublée peut-être que lorsque cette présence en vous se taisait. Vous en êtes sûre cette fois, vous l'avez dans la peau. Le messager que j'étais s'éloigne de quelques pas, nos rendez-vous ne sont plus vos uniques et si précieux bulletins d'information. Le père s'approche. Il voudrait sentir lui aussi, il pose sa main, se languit du premier à-coup qui tarde à venir. Progressivement, l'enfant élargit le cercle. Et vous ne savez toujours pas qui il est.

Ne me demandez pas ce qu'il convient de faire. Faites, c'est tout. Que vous soyez de ceux qui veulent connaître le sexe de l'enfant ou bien adeptes du mystère prolongé, soyez sûrs que cet état d'émerveillement inquiet qui est le vôtre ne vous quittera pas. Longtemps j'ai cru à la force du secret. J'étais tenté de plaider en faveur de l'incertitude, je sacralisais ce temps propice au rêve qu'est la grossesse. J'aimais ces femmes qui voulaient se laisser envahir par la découverte. Je n'en ai jamais rencontré de déçues à l'arrivée. Fille ou garçon, c'était le bébé qu'elles attendaient.

Mais j'ai fini par comprendre que l'inconnu peut se retourner contre l'enfant. J'ai parfois vu s'installer le masque de la déception, quand il paraît. C'est un moment pénible pour tout le monde, comme un mauvais départ. Il vaut mieux se préparer à ce que l'on ne souhaite pas. L'échographie le permet désormais. L'enfant idéal peut faire du mal à celui qui va naître et ne lui ressemble pas.

J'égrène encore mon chapelet de souvenirs, puisque ce sont eux qui forgent mes convictions et cette envie en moi de recommencer encore et encore. Et je revois : une femme, pâle subitement, à qui l'on vient d'expliquer que son enfant a une malformation du palais. Elle a déjà mis un autre mot sur ce défaut : elle a l'horrible impression qu'elle va accoucher d'un bec-de-lièvre, déjà elle entend les moqueries de la cour d'école. Alors, on lui désigne la malformation, infime sur l'écran noir de l'échographie, on lui explique l'opération qui aura lieu après la naissance, on lui montre à l'image les jambes vigoureuses, les orteils beaux comme de la dentelle, les mains menues, ce petit corps qui bouge, et doucement, elle se rassure. C'est bien un enfant qu'elle se prépare à accueillir.

Je ne me résous pas aux premiers accrocs faits à la vie. Et je ne m'arrange pas avec les années. A tant fréquenter le désir, je veux être à sa hauteur, et j'avoue, oui, cette tentation, coupable pour certains, de pousser toujours plus loin les limites du possible. Je comprends les réserves, je sais les réticences des pouvoirs publics à autoriser les recherches de la science. Mais le défi d'aujourd'hui s'appelle fatalité génétique. Elle est implacable. Comme l'était la stérilité avant les premières fécondations in vitro.

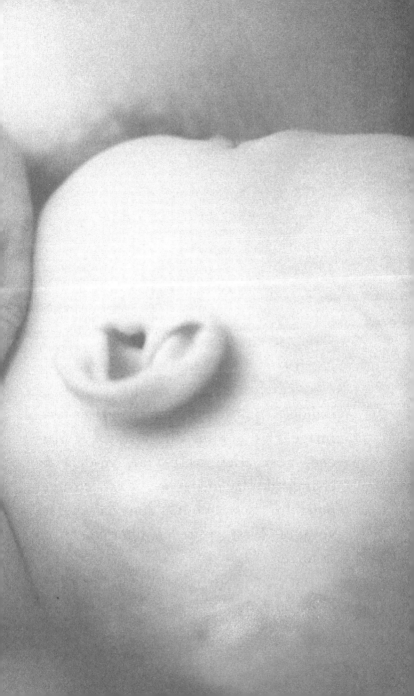

Je ressens la même excitation qu'hier, le besoin toujours de tenir tête au destin. Observer un embryon d'un dixième de millimètre, prélever une cellule, y repérer une drôle de couleur, l'annonce d'un enfant figé, déformé et souffrant, ce n'est rien d'autre que lire l'avenir, et regarder en face le handicap de celui qui n'est même pas encore né. Faudrait-il laisser courir la maladie incurable qui le fauchera, cette fatalité que je me suis promis de toujours combattre ? Pouvoir effacer cette image, c'est comme dire lève-toi et marche, c'est aller, c'est vrai, au-delà du champ de la médecine, c'est changer pour lui, ses amours, son métier, ses voyages. C'est croire en l'homme et en sa force.

Mais je me laisse aller à vous parler de moi, de mon orgueil, de ce qui me préoccupe et qui ne vous concerne pas. Aucun mot ne doit déborder face à une femme enceinte. Elle s'en saisit trop vite et enclenche la machine à soucis. Je sais que pour vous tout va bien. Lors de l'échographie, vous n'avez pas voulu savoir. Je peux même vous prédire que lorsqu'il naîtra, il vous faudra quelques secondes avant de demander si c'est une fille ou un garçon. J'aime cette acceptation de l'enfant tel qu'il est. Il ne va plus tarder maintenant.

Vous vous êtes relevée doucement. Le ventre est lourd, le souffle court. C'est peut-être votre dernière visite avant de venir accoucher. Vous montrez des signes d'impatience, voire d'inquiétude quand vous ne le sentez plus bouger. Votre corps est las de porter, vos mains se languissent de le toucher, je suis sûr que vos yeux errent le soir dans la chambre à coucher qui l'attend, prête dans les moindres détails, faite de couleurs et bientôt d'odeurs.

Il n'a plus beaucoup de place, il est en position, tête en bas, et n'en changera pas. Tout est prêt, ça ne dépend plus que de lui. Son heure sera la nôtre. Avez-vous des craintes ? Avez-vous peur d'avoir mal ? Vous ne m'en avez rien dit.

Je repense à cette image rapportée d'un voyage : une salle d'accouchement au Vietnam. Elles étaient plus d'une vingtaine, deux par lit, tête-bêche, sans rien pour soulager la douleur. Et il n'y avait pas un bruit. C'était comme dans un film muet, un ballet fantomatique de gros ventres allongés ou déambulants. J'entends encore ce silence, lourd de concentration, de résignation et de docilité féminine.

Comme je me souviens de cette femme venue me voir, ici, pour me demander une

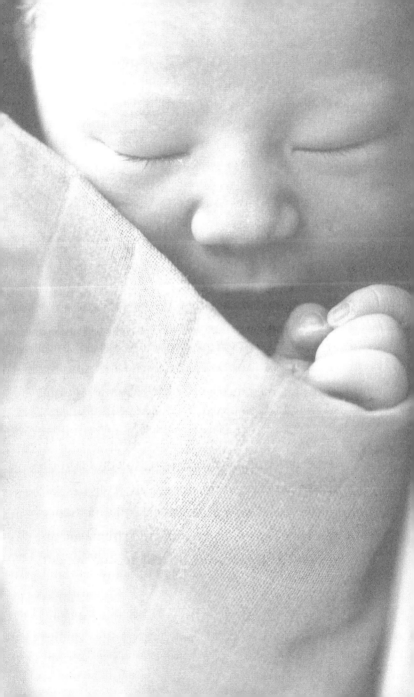

césarienne que son état ne nécessitait pas. A force d'insister, elle m'a convaincu, j'ai écrit sur son dossier : césarienne de convenance. L'enfant réel passe par le sexe, son enfant imaginaire n'y passait pas. Le monde a deux faces. Sur la nôtre, les femmes ont appris à dire, à crier, à demander.

Le désir encore lui, toujours lui, nous guide. Il n'y pas longtemps une femme tenait à accoucher accroupie, sans péridurale, les bras ouverts comme prête à saisir la vie. J'ai aimé ce retournement. Une autre a choisi d'être debout, « soit ! » avons-nous dit en lui indiquant la table plutôt que le sol carrelé. Toutes deux voulaient être actrices de la naissance, elles ont résisté à cette tendance médicale qui dépossède les femmes de leur accouchement.

Elles voulaient partager avec leur enfant l'effort et la douleur.

La naissance est un moment décisif. C'est un passage. Passage de l'enfant bien sûr, passage sur le visage de la mère, entre douleur et euphorie. Sur celui du père, submergé lui aussi. Déferlement d'émotions, coulée de sentiments. Passage entre l'avant et l'après, passage entre le dedans et le dehors.

Je dis souvent au père : « C'est peut-être mieux que vous soyez du côté de votre femme, près de son visage. » L'homme vient s'asseoir derrière elle, la prend dans ses bras, ils forment ainsi une espèce de corps à deux. Ils s'unissent à nouveau pour la naissance. Je me souviens d'un monsieur très croyant, venu avec son livre sacré. Il s'était mis à la tête de sa femme. Tourné vers elle, il la regardait tout en lisant ses prières, et semblait dire « Je vais voir la naissance de mon enfant dans ton regard. » Il avait besoin de cet écran, besoin d'adoucir l'événement.

La femme ne tient pas forcément à laisser voir l'envers de sa féminité. Si la péridurale endort le bas de son corps, elle sait que tout y est visible de la souffrance et des déchirures des mères. Certaines se poudrent avant de venir accoucher, maquillent d'avance la grimace. Vaine retouche de celles qui se sentent confusément devenir animales. Une femme qui accouche ne maîtrise plus rien de son image. Je sais avant elle qu'il y a un moment où tout va basculer.

En haut, le père et la mère, baignés d'émotions, de larmes et de baisers. En bas la sage-femme ou le médecin qui, du bout des doigts, guide le petit corps dans le tunnel maternel, lui fait de la place, élargit le passage. L'enfant poursuit sa descente, chaque contraction le rapproche un peu plus de la lumière, il va de haut en bas : parti d'un rêve, il arrive à l'air libre entre les cuisses de sa mère, dans un flot de sang et d'eau.

J'ai parfois mal au bras, tant la tension a été forte et continue, tant il faut être doux et physique. C'est une conduite de la retenue. Savoir doser les gestes et les émotions, rester en dehors. Et pourtant, il n'en faudrait pas beaucoup pour se laisser emporter par la violence et la beauté de ce qui se passe, par cette vie

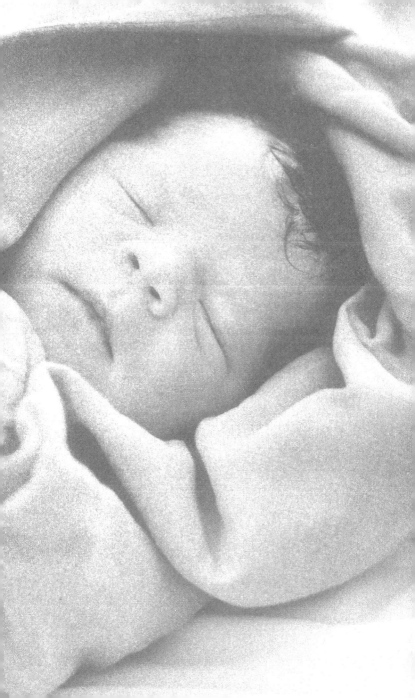

balbutiante qui arrive entre mes mains. Les mots d'ailleurs sont troubles. On dit d'une femme qu'elle accouche, d'un accoucheur qu'il accouche. Elle apporte la vie, il ne fait que la recueillir, mais le verbe les réunit. Est-ce le signe de notre connivence ?

Une arrivée est toujours belle. Lorsqu'elle est imminente, je ne veux plus de bruit. J'aime le premier cri qui troue le silence. J'aime le ruissellement de l'eau, c'est un bain de jouvence que charrie l'enfant, fait de larmes, de sang, de liquide amniotique. Les souvenirs s'en mêlent. Il suffit d'un regard avec les parents pour que nous repensions les uns, les autres, sans nous dire un mot, aux efforts, aux moments douloureux où nous avons cru devoir capituler.

Je me souviens de cette grande famille de gens du voyage qui accompagnait de leur présence indéfectible la jeune accouchée. Ils ont attendu des heures, alignés dans le couloir. Au bout de quelque temps le père est sorti, l'enfant au bout de ses bras tendus, des larmes dans les rigoles de son visage. Il présentait l'avenir, l'offrait à son clan, grappe de visages que je n'ai jamais oubliée.

C'est beau d'accoucher la nuit. Vous êtes arrivée tard, un peu avant minuit dit le registre, à l'heure où les lumières s'éteignent aux fenêtres des villes. Atmosphère silencieuse, où le monde en sommeil semble être suspendu à la naissance de votre enfant. En fait, il se repose d'une journée avant de s'atteler à une autre. Il ignore tout de ce qui se prépare à éclore. N'est-ce pas ainsi que vous avez vécu au cours de ces neufs mois : décalée, loin de ce qui agite vos contemporains ? Ils dorment, vous commencez le travail. Ils se lèvent, vous vous assoupissez enfin.

Vous avez eu le geste de toutes les mères. Je n'y vois pas la répétition, j'y contemple l'éternel féminin. Vous l'avez collé contre vous, comme s'il fallait d'urgence combler l'espace qui vous sépare, d'urgence adoucir la coupure du cordon en aimantant vos chairs. Les femmes n'ont pas peur du côté visqueux de l'enfant qui naît, elles n'ont pas peur de la glaise. J'ai sorti l'enfant à moitié, et je vous ai dit : « Prenez-le. » Alors le dos plié, le visage tordu par l'effort et embué par l'émotion, vous vous êtes enroulée, penchée en avant, vous avez mis vos mains sous ses bras, vous l'avez tiré et l'avez sorti vous-même. Et il a bien fallu quelques secondes avant que vous ne demandiez qui il était. Ce ne fut pas votre première question. Vous ne voyiez rien, son ventre collé au vôtre. Vous vous étiez déjà rejoints.

Et moi, je m'écartais doucement. La naissance éloigne. Elle fut un dénouement entre nous. Votre corps était comme coupé en deux : en haut, dans vos bras, dans la chaleur de vos seins, vous faisiez connaissance, vous murmuriez à l'enfant, vous lui racontiez l'avenir. Moi, je travaillais en bas, dans la chambre forte béante, encore anesthésiée, et qui n'était plus habitée.

L'accouchement ressemble à une séparation de la mère et de l'enfant. N'est-il pas plutôt leur première rencontre ? Celle de deux êtres qui se sont toujours parlés à distance, s'envoyant mots doux et petits coups feutrés par dessus la barrière du corps et de l'eau. Le bébé à peine sorti se calme dès qu'on le pose tout contre sa mère. Ce n'est pas qu'il la retrouve, c'est qu'il la découvre, enfin, peau contre peau. Promesse tenue à l'aube de sa vie.

Puis le père les rejoint par la parole, les gestes. Les mots qui se disent alors à trois sont à eux. Je ne veux pas les entendre, les leur voler. Moi l'accoucheur, au cœur de bien des intimités, je tiens à leur laisser celle-là, celle des premiers échanges, des premiers chuchotements.

Lorsque j'ai poussé doucement la porte de votre chambre le lendemain, je n'étais déjà plus tout à fait médecin, j'avais déposé mon fardeau. Il dormait menu et perdu dans son berceau de verre. Je l'ai regardé comme je les regarde tous. Il était plus serein que celui de la chambre d'à côté. Rien n'est définitif, mais j'y ai reconnu l'enfant d'une femme heureuse.

Sur la tablette à côté de vous, une brosse à cheveux, un tube de crème, un peu de poudre. J'aime voir là ces accessoires de beauté, ils témoignent de vos va-et-vient entre la femme et la mère. Ils me rassurent. Il est important qu'une femme reparte aussi belle qu'elle est arrivée, je tiens à la rendre telle qu'elle était. Vous avez souri, dans vos draps blancs, radieuse et lasse. Ces mots-là vont bien aux mères, souvent même des années après l'accouchement.

La première nuit qui suit la naissance, c'est un peu comme après l'orage, quand ne tombe plus qu'une légère bruine. Le silence s'installe, les yeux maternels se mouillent, certaines femmes pleurent vraiment. Elles connaissent l'apaisement mais aussi les premiers instants de

solitude. Peur de leurs propres mains qui trem-
blent encore quand elles se glissent sous la
nuque de l'enfant. Peur de sa petite tête si
molle. Peur de ses pleurs, de ses fringales. Il
faut parfois du temps pour faire connaissance. Je n'ai pas souvenir d'avoir jamais surpris
une mère en train de dormir.

J'ai dans ma mémoire une galerie de tableaux
glanés comme ça, en ouvrant la porte d'une
chambre de la maternité, imprégnée des
odeurs de lait, de selles et de crème. Cette
femme d'âge mur, les cheveux blancs, qui
mettait son bébé au sein sur sa peau blan-
che, elle avait l'air d'une madone. Cette
toute jeune adolescente, à peine séparée de
ses poupées, je l'ai regardée telle une enfant
qui se demande comment on porte un autre

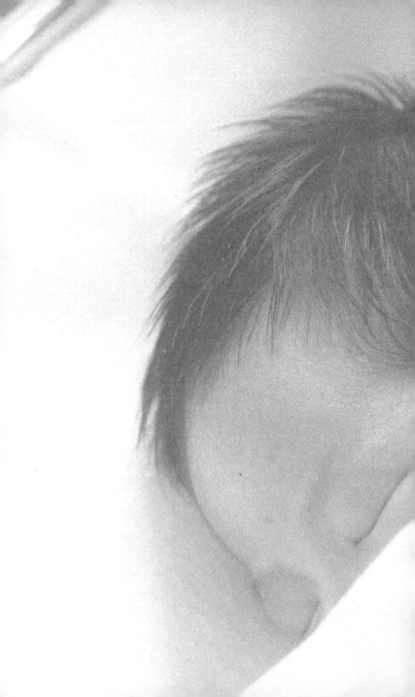

enfant. Je me suis dit aussi que la moitié de l'humanité est mère dès la puberté. Cette autre, avec trois berceaux dans sa chambre, après tant d'années de stérilité. Je m'inquiétais intérieurement, pourra-t-elle les aimer tous ? Je me sentais un peu responsable de cette multiplicité, quand elle m'a demandé : « Est-ce que je peux allaiter ? »

Elle va loin la mère dans le don de soi. Elle fait résonner longtemps ces mots d'Albert Cohen, qui offrit à la sienne un épitaphe en forme de livre : « Je vous salue, mères pleines de grâce, saintes sentinelles, courage et bonté, chaleur et regard d'amour, vous aux yeux qui devinent, vous qui savez tout de suite si les méchants nous ont fait de la peine, vous, seuls humains en qui nous puissions avoir confiance et qui jamais, jamais ne nous trahirez … »

Et moi qui vous déconseillais de croire aux icônes maternelles, moi qui sais que la naissance n'est pas toujours une fête… Je vous l'avoue, à chaque fois j'y crois. Je ne connais que rarement la suite de l'histoire. Je vous souhaite d'être heureuse. Je vous en crois capable. La naissance est un passage, vous ai-je dit. Je suis un homme de passage.

Aussi, je vous salue.

ÉDITION
Sophie de Sivry

CONCEPTION GRAPHIQUE
Anne Lagarrigue

RELECTURE
Isabelle Souchard

PHOTOGRAPHIES
Valérie Winckler/Rapho
p.11 et 29 : Jacques Very,
extraites de *Patience dans l'obscur*
p.18 : Robin M. White/Photonica

PHOTOGRAVURE ET IMPRESSION
Imprimerie Floch (Mayenne)
(56508)

© L'Iconoclaste
33, rue Linné - 75005 Paris
Tél : 01 43 31 89 85 - Fax : 01 43 31 77 97
E-mail : iconoclaste@easynet.fr

Dépot légal : février 2003
ISBN 2-913366-05-8
Imprimé en France